글 달시 패티슨

어린이 책 작가이자 글쓰기 교사입니다. 과학과 자연에 관심이 많아 어린이를 위한 과학 도서를 여러 권 집필했으며, 《다윈의 난초: 130년 만에 증명된 예측》을 비롯해 다섯 권의 도서가 전미 과학교사협회 우수과학도서로 선정되었습니다. 현재 공상 과학 소설을 기획하고 집필하면서 글쓰기 교육과 강연을 활발히 하고 있습니다.

그림 피터 윌리스

일러스트레이션과 디자인 분야에서 20년이 넘게 활동한 일러스트레이터로 유머와 생기를 불어 넣는 기법의 그림을 좋아합니다. 달시 패티슨과 〈과학자처럼〉 시리즈와 《바다 괴물 대소동: 가짜 뉴스 이야기》 등을 함께 작업했습니다.

옮긴이 김경연

서울대학교에서 독문학을 전공하고 동대학원에서 '독일 아동 및 청소년 아동 문학 연구'라는 논문으로 문학박사학위를 받았습니다. 독일 프랑크푸르트대학에서 독일 판타지 아동 청소년 문학을 주제로 박사 후 연구를 했습니다. 옮긴 책으로 《교실 뒤의 소년》《미움을 파는 고슴도치》《다르면서 같은 우리》《행복한 청소부》《책 먹는 여우》 등이 있습니다.

다윈의 난초

다윈의 난초

초판 1쇄 발행 2022년 4월 25일

글 달시 패티슨   그림 피터 윌리스   옮김 김경연
펴낸이 김명희   편집 이은희   디자인 씨오디

펴낸곳 다봄   등록 2011년 6월 15일 제2021-000136호
주소 서울시 마포구 토정로 222 한국출판콘텐츠센터 305호   전화 02-446-0120   팩스 0303-0948-0120
전자우편 dabombook@hanmail.net   인스타그램 instagram.com/dabom_books

ISBN 979-11-92148-11-3 74400
     979-11-92148-10-6 (세트)

Pollen: Darwin's 130-Year Prediction
Text © 2019, Darcy Pattison
Illustrations © 2019, Mims House
All rights reserved.
Korean edition © 2022 Dabom Publishing
The Korean translation rights arranged through Rightol Media (Email: copyright@rightol.com) and
LENA Agency, Seoul, Korea.

이 책의 한국어판 저작권은 레나 에이전시를 통한 저작권자와 독점계약으로 다봄이 소유합니다.
신저작권법에 의하여 한국 내에서 보호를 받는 저작물이므로 무단전재 및 복제를 금합니다.

* 책값은 뒤표지에 있습니다.
* 잘못 만든 책은 구입한 곳에서 교환해 드립니다.

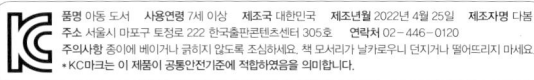

다윈의 난초
130년 만에 증명된 예측

달시 패티슨 글 · 피터 윌리스 그림 · 김경연 옮김

다봄.

때때로 과학이 발전하려면 시간이 아주 오래 걸려.
1862년 1월 25일, 상자 하나가 찰스 다윈의 집에 도착했어.
다윈이 상자를 열어 보니……

난초였어!

오돈토글로숨 풀켈룸

렐리아 안셉스

오돈토글로숨 빅토니넨세

지고페탈룸 크리니툼

앙그라이쿰 세스퀴페달레

마다가스카르에서 온
별 모양 난초

다윈은 마다가스카르에서
온 난초를 보고 놀랐어.
광택이 나는 꽃부리 끝이
여섯 개로 갈라진 혀꽃을
피우는데, 마치 눈처럼
하얀 왁스로 만든 별 같았어.
꿀샘의 길이는
29.2센티미터나 되었어.
꽃은 꿀샘에서 꿀을 만들어.
꿀은 곤충과 새들이
좋아하는 달콤한 먹이야.

'이렇게 긴 꿀샘을 가진 꽃은 어떻게 꽃가루받이를 할까?'
다윈은 과학으로 풀기 어려운 수수께끼라는 것을 깨달았어.

꽃가루받이는 꽃가루가 이 꽃에서 저 꽃으로 옮겨지는 것을 말해. '수분'이라고도 하지.

꽃이 꽃가루받이가 되면 씨앗이 생겨서 또 한 개의 식물로 자랄 수 있어.

어떤 꽃들은 바람이 꽃가루를 옮겨 주기도 해.

어떤 꽃들은
곤충이 꽃가루받이를 해 줘.

꿀을 마시려고 날아온 곤충이 꽃에 닿으면
꽃가루가 곤충에게 달라붙어.

곤충이 다음 꽃으로 이동하면
그 꽃가루가 다른 새로운 꽃 위로 떨어지지.

다윈은 마다가스카르에서 온
별 모양 난초를 연구하면서
어떻게 곤충이 이 꽃에서
꿀을 마실 수 있는지 궁금했어.

흐으으으음

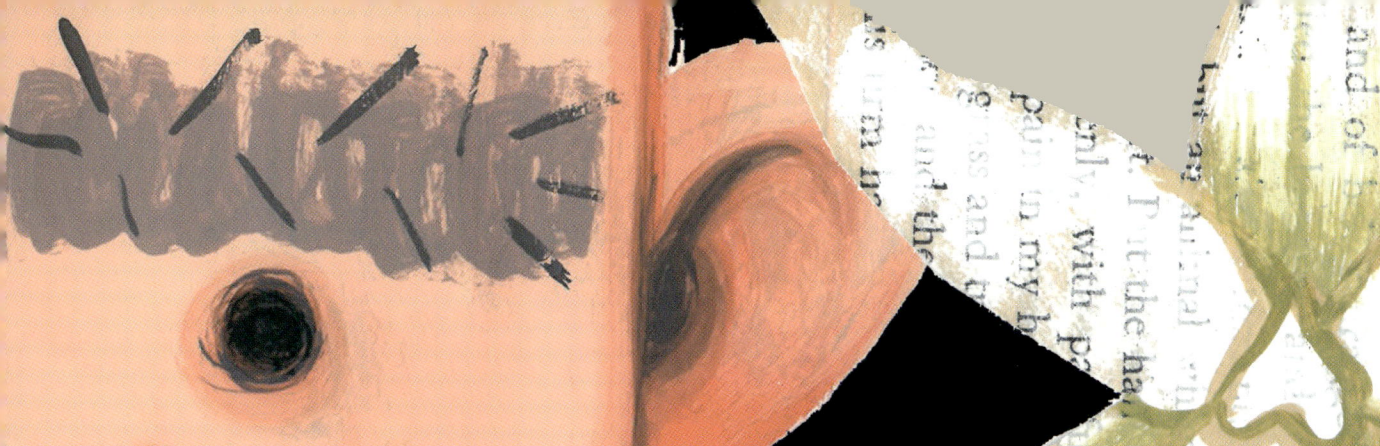

꿀샘은 곤충이 들어가기에
너무 길고 좁았거든.

!?!?

다윈은 뻣뻣한 털과 바늘을 꿀샘 입구로 밀어 넣었지만,
꽃가루는 딸려 오지 않았어.

다윈은 나방이 꽃가루받이를 어떻게 하는지 생각해 보았어.
나방은 빨대처럼 생긴 긴 주둥이로 꿀을 마시지.
다윈은 별 모양 난초의 꿀샘 속으로 가느다란 유리관을 밀어 넣었어.

마침내!

꽃가루가 유리에 붙어 나왔어.
다윈은 다른 꽃에 가루받이를 할 수 있었어.

수수께끼를 푸는 탐정처럼 다윈은 놀라운 추측을 했지.
'기다란 꿀샘을 가진 별 모양 난초는 마다가스카르섬
어딘가에서 자라니까 섬 어딘가에 29센티미터 길이의 주둥이를
가진 거대한 나방이 있는 게 틀림없어. 별 모양 난초는
나방에게 꿀을 주고, 나방은 더 많은 난초가 자랄 수 있도록
꽃가루를 모아 다른 난초에 가루받이를 시켜 줄 거야.
나방과 난초는 서로 의존하면서 사니까 섬 어딘가에
긴 주둥이를 가진 나방이 있을 거야.'

하지만 그런 나방을 본 사람은 아무도 없었어.
찰스 다윈이 1882년에 세상을 떠날 때까지도
29센티미터 길이의 주둥이를 가진
거대한 나방을 본 사람은 아무도 없었어.

나방이 난초 꽃을 가루받이할 거다.

20년 후인 1903년

로스차일드 남작과 카를 조단이라는 두 곤충학자가 나방에 대한 새로운 책을 출간했어. 이 책에 마다가스카르에서 발견한 박각시나방(크산토판 박각시나방이라고 부르기도 해)을 소개했어. 이 나방은 매우 긴 주둥이를 머리 아랫부분에 돌돌 감고 있었는데, 꿀을 마실 때는 감았던 주둥이를 풀었지.

약 15센티미터

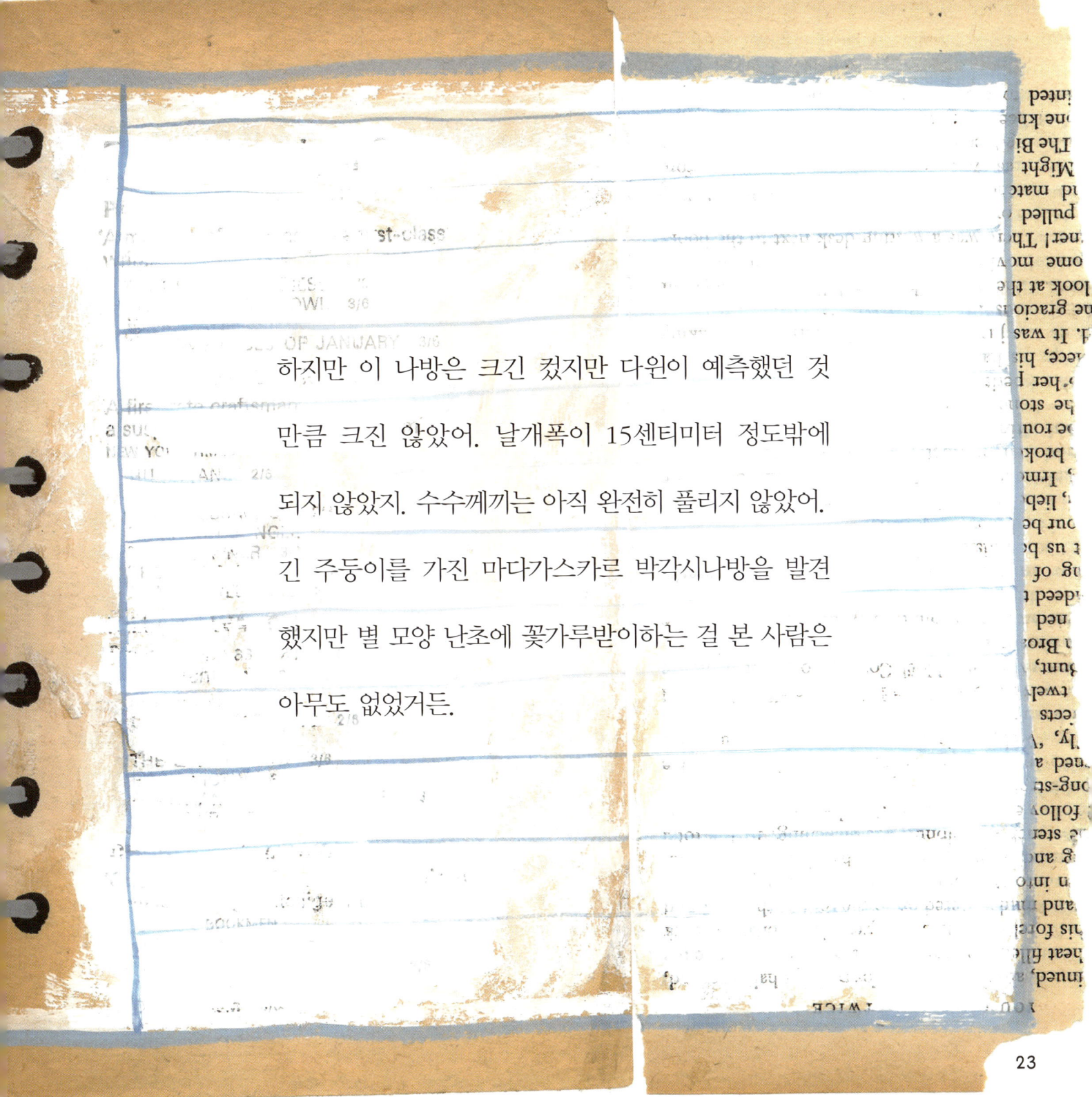

하지만 이 나방은 크긴 컸지만 다윈이 예측했던 것만큼 크진 않았어. 날개폭이 15센티미터 정도밖에 되지 않았지. 수수께끼는 아직 완전히 풀리지 않았어. 긴 주둥이를 가진 마다가스카르 박각시나방을 발견했지만 별 모양 난초에 꽃가루받이하는 걸 본 사람은 아무도 없었거든.

1992년, 독일의 곤충학자 루츠 틸로 바서탈 박사는 마다가스카르 박각시나방의 사진을 찍어 보기로 했어. 박사는 바위 비탈에 텐트를 쳐 놓고, 별 모양 난초들을 모아 그 안에 넣어 두었지. 마다가스카르 박각시나방은 야행성이어서 밤에만 활동했어. 바서탈 박사는 밤에 사진을 찍을 수 있는 야간 투시 카메라와 적외선 조명을 설치했어. 이제 나방만 나타나면 되었어. 하지만 마다가스카르 박각시나방은 쉽게 눈에 띄지 않았어. 마다가스카르에서 머문 6주 동안 바서탈 박사는 고작 두 마리밖에 잡지 못했어.

모든 준비를 마친 바서탈 박사는 마다가스카르 박각시나방 두 마리를 텐트 안에 풀어 주었어.
텐트 안은 별 모양 난초가 풍기는 매콤한 향기로 가득 찼어.
과학자들은 기다렸어. 그리고 마침내……

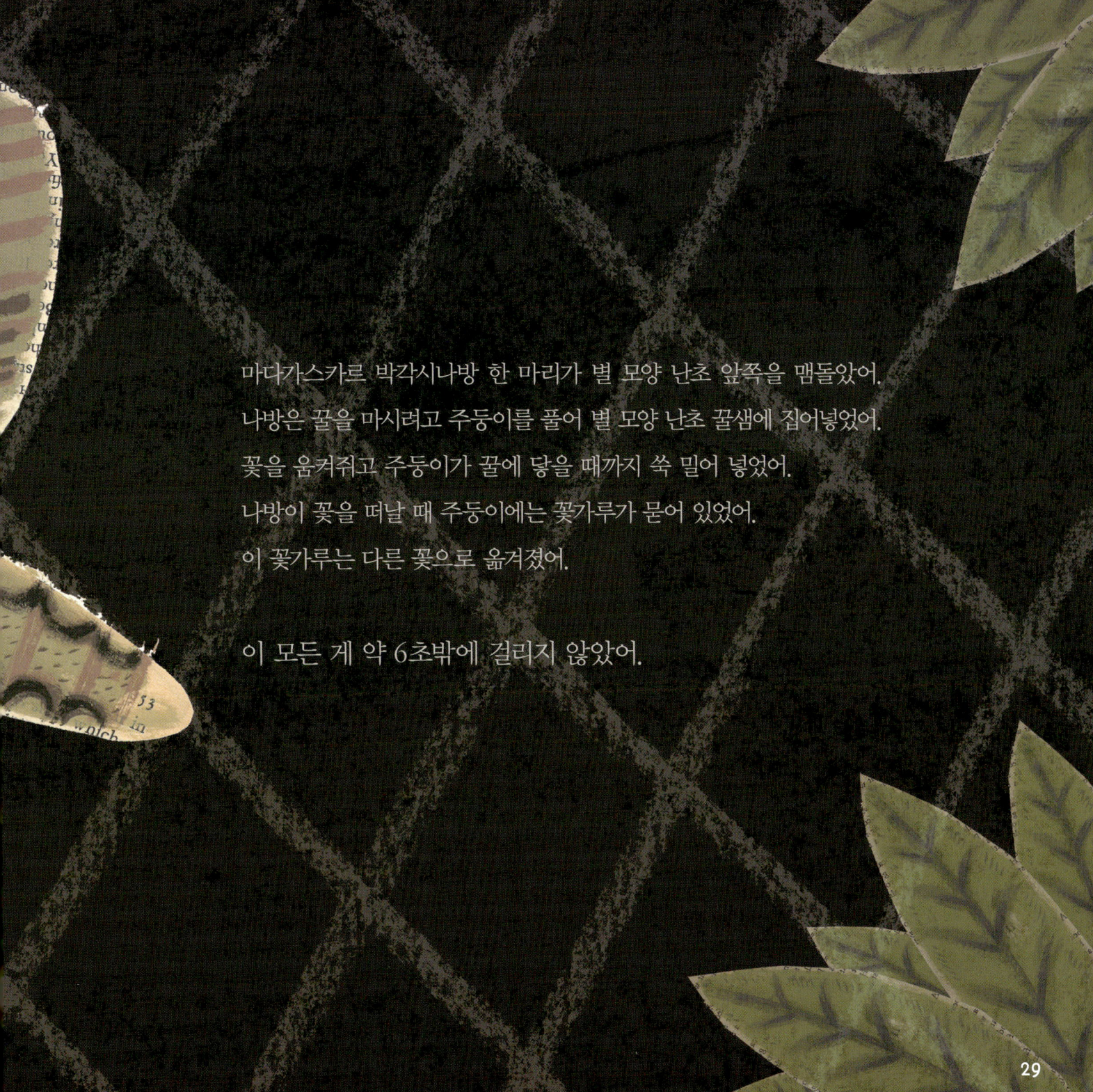

마다가스카르 박각시나방 한 마리가 별 모양 난초 앞쪽을 맴돌았어.
나방은 꿀을 마시려고 주둥이를 풀어 별 모양 난초 꿀샘에 집어넣었어.
꽃을 움켜쥐고 주둥이가 꿀에 닿을 때까지 쑥 밀어 넣었어.
나방이 꽃을 떠날 때 주둥이에는 꽃가루가 묻어 있었어.
이 꽃가루는 다른 꽃으로 옮겨졌어.

이 모든 게 약 6초밖에 걸리지 않았어.

때때로 과학이 발전하려면 시간이 오래 걸려. 다윈은 관찰하고 생각을 실험해 보고 주둥이가 긴 나방의 존재를 예측했어. 로스차일드와 조단은 새롭게 발견한 나방을 책에 소개했어. 하지만 다윈이 예측한 나방이라고 증명할 수는 없었지. 바서탈이 마다가스카르 박각시나방이 별 난초에 꽃가루받이하는 사진을 찍으면서 비로소 130년 전 다윈이 한 예측이 증명되었어.

과학이 발전하려면 예측이 나온 뒤에도 오랫동안 관찰이 필요해.

때로는 운도 조금 필요하지.

과학자의 시간을 따라가 볼까요?

1862년

다윈

"나는 다윈! 《종의 기원》으로 '진화론'을 주장한 생물학자이자 지질학자이며 박물학자란다."

"꽃은 씨를 만드는 일을 해. 씨를 만들려면 수술에서 만든 꽃가루를 암술로 옮겨야 하는데 이것을 꽃가루받이 또는 '수분'이라고 하지. 꽃가루받이는 곤충, 새, 바람, 물 등의 도움으로 이뤄지지……."

"그런데 헉! 이 난초는 꿀샘 길이가 30센티미터 가까이 되네? 이렇게 꿀샘이 길면 어떻게 꽃가루받이를 할까? 어허, 이 난초의 꿀샘은 너무 길고 좁아서 곤충이 들어갈 수 없겠는걸?"

"도대체 이 난초는 꽃가루받이를 어떻게 할까? 털, 바늘, 유리관을 곤충의 주둥이라 생각하고 실험해 보자."

1903년

"이 난초가 꽃가루받이를 하려면 주둥이 길이가 아주 긴 나방의 도움이 필요하겠어. 그렇다면 어딘가에 이런 나방이 있다는 거겠군. 긴 꿀샘을 가진 별 모양 난초의 꿀을 빨 수 있는 건 오직 이 나방밖에 없을 것이고, 이 나방은 주둥이가 너무 길어서 다른 꽃의 꿀을 빨기는 어려울 거야. 그러니 둘은 서로 공생하면서 진화했을 거야. 그런데 이 나방을 본 사람이 아직 없단 말이지."

로스차일드와 카를 조단

"우린 곤충학자 로스차일드 남작과 카를 조단이야. 마다가스카르에서 발견한 박각시나방을 책에 소개했지. 이 나방이 다윈이 예상했던 그 나방은 아닐까 하고 생각했는데, 꽃가루받이하는 걸 우리가 보지 못했으니 확실하게 장담할 수는 없어."

Wasserthal. L. T:
Bot.Acta. 110 (1997),
343-359

"다윈 선생님의 예측을 증명하는 데 130년이나 걸렸구나! 과학이 발전하려면 이렇게 시간이 아주 오래 걸리기도 한단다."

"마. 침. 내! 마다가스카르 박각시나방 한 마리가 별 모양 난초 꿀을 빠는 것을 사진으로 찍는 데 성공! 사진을 보면 마다가스카르 박각시나방의 주둥이는 평소에는 휘감겨 있어 코끼리 코처럼 보여. 하지만 별 모양 난초의 꿀을 마실 때는 주둥이를 펼쳐 긴 꿀샘 끝까지 밀어 넣을 수 있지."

"난 마다가스카르로 건너가 텐트를 치고 별 모양 난초를 그 안에 넣고 마다가스카르 박각시나방 두 마리를 풀어놓고 관찰했어. 마다가스카르는 남아프리카 동쪽 인도양에 있는 세계에서 네 번째로 큰 섬으로 동부와 북부에 열대우림이 있지."

1992년

루츠 틸로 바서탈

"난 독일의 곤충학자 루츠 틸로 바서탈이라고 해. 곤충이 어떻게 숨을 쉬는지, 나비가 어떻게 체온을 일정하게 유지하는지, 나비의 생애 주기는 어떤지 등을 연구하고 있지. 난 마다가스카르 박각시나방과 별 모양 난초가 공진화했을 거라는 다윈 선생님의 예측을 증명하고 싶어. 공진화는 한 생물 집단이 진화하면서 이와 관련된 생물 집단도 같이 진화하게 되는 현상이야."

과학자처럼
시리즈로
과학 공부,
준비~ 시~작!

초등학교 3학년부터 '과학'을 본격적으로 배우기 시작해요. 호기심이 한창 왕성할 시기라 '과학'을 좋아하는 친구가 많은 반면에 어렵지 않을까 겁부터 먹는 친구들도 있다고 하죠? 하지만 무엇을 배우든지 의미와 목표, 방향을 알고 시작하면 재미는 커지고, 힘든 고비를 넘어설 때는 자신감이 생기기 마련이죠! **과학자처럼** 시리즈는 과학 공부를 준비하거나 시작하는 친구들과 과학 공부를 조금 힘들어하고 어려워하는 친구 모두를 위한 책이랍니다. 초등 과학 교과 과정의 목표와 방향, 그리고 과학 학습을 통해 얻는 다섯 가지 핵심역량을 과학적 사건과 인물을 통해 자연스럽게 알려 주거든요.

아하! 과학을 공부하면 이런 힘을 기를 수 있구나!

- 과학적 참여와 평생 학습 능력
- 과학적 사고력
- 과학적 탐구 능력
- 과학적 문제 해결력
- 과학적 의사소통 능력

과학자처럼 시리즈는 과학의 역사를 바꾼 사건과 주인공 이야기입니다. 과학자는 놀랍도록 신비한 우주와 자연의 원리를 탐구해서 밝혀냅니다. 과학이 역사를 바꿨다는 건 세상을 바꿨을 뿐만 아니라, 우리가 세상을 바라보는 방향과 생각하는 방식이 바뀌게 되었다는 것도 뜻한답니다. 그렇다면 이렇게 엄청난 힘이 있는 과학을 연구하는 과학자는 어떤 사람일까요? 혹시 머리가 엄청 좋은 사람만 과학자가 될 수 있을 거라고, 그래서 나와 상관없다고 생각하는 친구가 있나요? **과학자처럼** 시리즈를 읽으면, 꼭 그렇지만은 않다는 걸 발견할 거예요.

그뿐만 아니라 아래와 같은 질문에도 답할 수 있게 될 거예요. 무엇보다 '과학'을 공부하는 이유와 목적, 그리고 과학을 공부하면서 얻어지는 학습 능력은 다른 교과를 공부할 때도, 일상생활을 할 때도 큰 힘이 된다는 걸 꼭 기억하세요.

- 과학사는 어떻게 세상을 바라볼까?
- 과학자는 무엇을 궁금해할까?
- 과학자는 궁금한 것을 어떻게 해결할까?
- 과학자는 어떻게 탐구할까?
- 과학을 공부하려면, 또 과학자가 되려면 무엇이 필요할까?

과학자처럼 새로운 발견을 하고 증명하려면 때때로 시간이 오래 걸리기도 한답니다.

과학자처럼 시리즈는 계속 출간됩니다.

과학자처럼 ③
A.I.와 인간 (가제)
알파고는 어떻게 이세돌을 이겼을까

과학자처럼 ④
클라드니의 소리 (가제)
소리가 보이는 모래 실험

과학자처럼 ⑤
에딩턴의 일식 (가제)
아인슈타인의 상대성이론을 증명하다

과학자처럼 ⑥
휴 베넷의 토양 (가제)
환경학자, 땅에 생명을 불어넣다